SARA

puro mito

bubok
EDITORIAL

*Este libro es un homenaje de
Oskar María Ramos
a la figura de Sara Montiel.*

Texto
Alejandra Alloza

Ilustración
Antonio Laguna

Maquetación y diseño
Isi Fernández

© autores

Sara, puro mito.

Número depósito legal: M-14382-2019

ISBN: 978-84-685-3647-7

Impreso en España

Editado por Bubok Publishing S.L.

Reservados todos los derechos. Salvo excepción prevista por la ley, no se permite la reproducción total o parcial de esta obra, ni su incorporación a un sistema informático, ni su transmisión en cualquier forma o por cualquier medio (electrónico, mecánico, fotocopia, grabación u otros) sin autorización previa y por escrito de los titulares del copyright. La infracción de dichos derechos conlleva sanciones legales y puede constituir un delito contra la propiedad intelectual.

Diríjase a CEDRO (Centro Español de Derechos Reprográficos) si necesita fotocopiar o escanear algún fragmento de esta obra (www.conlicencia.com; 91 702 19 70 / 93 272 04 47).

Índice

1. Antonio Laguna.
Pag.9

2. Fascinación por Sara.
Pag.19

3. Admirada por estrellas.
Pag.27

4. Razones para amarla.
Pag.41

5. Sara, libre pero no sola.
Pag.57

6. Sara mágica.
Pag.65

7. Sara, la artista plástica.
Pag.75

8. Sara, inspiración de artistas.
Pag.85

9. Sara, intimidad sin secretos.
Pag.97

10. Sara, un espíritu siempre joven.
Pag.105

1

Sara, puro mito.

Antonio Laguna.

*El artista que despertó con
el rostro de Sara*

Es un muralista de prestigio internacional. Sus obras adornan edificios y fachadas en 25 países del mundo. Muchos críticos lo vinculan al surrealismo pero según Laguna, la realidad pasa por su batidora de color y deformación. Es vanguardia pura. Pero eso no le impide homenajear a los clásicos. En Almagro se pueden ver sus creaciones que rinden tributo a Marsillach, Francisco Nieva y otras figuras del teatro. Su color se extiende por las paredes de una guardería pero también en los decorados de una superproducción de Hollywood, como la última versión de Terminator.

Sara es para él un mito estético y un referente cinematográfico. El poder de la Mancha y una serie de casualidades o causalidades son la raíz de este libro.

Sara fue la primera mujer por la que sintió fascinación. Una fotografía de la manchega vestida de cabaretera de época le espoleó desde las páginas de una revista. Esa imagen en plano medio corto donde la artista exhibía un escote imponente le dejó sin palabras. Su madre le ordenó bajar la basura y tirar la publicación. Pero él, con tan solo siete años, dejó la revista en el fondo del cubo con la esperanza de que los basureros no se la llevaran. Al día siguiente, la bolsa con los desperdicios había desaparecido pero la publicación seguía allí, como estratégicamente la había colocado. Antonio se sintió culpable. Tenía el pálpito de que esa atracción encerraba algo prohibido. "*Necesité verla otra vez*" – recuerda pasadas ya tres décadas. "*Años después comprendí que me había seducido*".

El encuentro

El destino hizo que Laguna conociera a Sara Montiel en el Museo del Teatro de Almagro. Cara a cara mientras la artista sostenía una copa de vino tinto en una mano y un puro en la otra. Las artífices de ese encuentro: la casualidad y su propia madre, responsable de la tienda del museo que entabló conversación con ella. En un momento determinado, avisó a su hijo para que les hiciese una fotografía que inmortalizase el momento. Ese encuentro fortuito alimentó el imaginario de Laguna. Y le ha llevado a recrear la imagen de la actriz y a reflexionar sobre su brillo: *"Ella no dejó que se construyera su imagen, la construyó ella misma. Ella es el cine"*.

También sabe situar la razón de su éxito: *"Nunca quiso estar en un pedestal, no iba de diva, de inalcanzable. Y eso que ahora hay un artista para cada bolsillo. Antes no había tanto donde elegir. Fue la más inteligente en la historia del cine español, lo demostró en los diferentes contextos por los que transitó. Era inteligentísima por su capacidad de adaptación al medio. No sabía francés pero capaz de recitar o cantar en esa lengua si le proponían el reto. No saber lo que estás diciendo resulta terrorífico para la mayoría, menos para ella"*.

Antonio es cineasta además de artista urbano. Y en el homenaje a Sara ha querido recrear todas las caras que completan a esta personalidad fascinante. Lo que más le ha motivado es el contacto de la manchega con la magia. Laguna destaca: *"Ella misma era una generadora de magia que buscaba las respuestas de aquello que no entendía y nadie le podía explicar"*.

El imán de su rostro

"Su gesto no te deja salir de su rostro. Lo que más me cuesta es hacer su representación al completo. El magnetismo explica todo... la fuerza de atracción que ejerce... no me extraña que para algunos haya sido adictiva, una obsesión. Es un magnetismo transversal, no importa la edad, el grupo social. Para los mayores que la han visto en plenitud tiene un encanto, para los jóvenes que la han descubierto más tarde, lo más cautivador es su mirada. Una cualidad innata de Sara. Es la actriz con más primeros planos de la historia del cine".

Laguna advierte de que sus ilustraciones son arte secuencial. Ha intentado capturar momentos de la esencia de la artista que tienen continuidad, como fotogramas dentro de una historia. Su habilidad como dibujante y cineasta le permiten reflejar la Sara que él admiró: con su trato afable, su normalidad y *"sin ningún tipo de filtro"*. Admira al mito inmortal pero también a la mujer real que sabía lo que era el trabajo duro en la vida del campo y reivindicaba unas raíces intrincadas en la tierra a las que jamás renunció.

2

Sara, puro mito.

Fascinación por Sara.

Eva Manjón.

Imitar a Sara. Mirarse en su estela. La mayoría de admiradores de la manchega han convertido su fascinación en un tributo.

La actriz Eva Manjón le rinde homenaje en su obra musical, "Mi última noche con Sara" donde repasa sus canciones más emblemáticas y muestra sus sufrimientos amorosos. Manjón apostó sus ahorros, pidió créditos y convenció a un grupo de entusiastas para desarrollar un espectáculo que demostrara su respeto por la figura. Peleó durante años para conseguir una financiación hasta que en 2016, llegó con su espectáculo al molino de Campo de Criptana. Familiares de Antonia, vecinos y amigos que la recordaban tenían que pellizcar a Eva Manjón porque intuían que el espíritu de la Montiel se había colado en ella como en una suerte de reencarnación escénica. Se emocionaron y ella sintió que su esfuerzo había merecido la pena.

Eva fue otra niña que convertía el pantalón del pijama en una boa de plumas... en su imaginación. Y entretenía a su familia en Navidad con las canciones que encumbraron a Sara. Con menos de diez años, se esforzaba en reproducir los movimientos y el habla de un personaje que le resultaba inspirador. *"Era diferente. Esa sofisticación, esa belleza. Yo me preguntaba, ¿de dónde había salido?"*.

Fascinación por Sara.

La actriz en ciernes se alimentaba viendo películas que no eran conocidas entre los de su generación. Pero ella había encontrado un faro: *"Su sentido de la estética, la armonía de su rostro, multidisciplinar... perfecta"*. Una admiración que motivó que Eva estudiara distintas disciplinas que la acercaran a su referente.

A Eva Manjón le apena que otra imagen de Sara, ya mayor, presa de la mofa de algunos programas televisivos, le robara la gloria a la manchega de ser recordada como la mejor en muchas cosas. La imagen que guarda en la retina es la de María Antonia cantando "Nena" en "El último cuplé". Hizo que cuando era niña comprendiera lo que significaba *"salir de la pantalla"* y llegó a llorar. Y aún le entusiasmó más conocer su vida, identificarse con un espíritu adelantado a su tiempo, envidiar una inteligencia que se superaba con cada prueba del destino.

"Sara está detrás de todo esto" – asegura cuando rememora el milagro de sacar adelante el espectáculo. Y recuerda su miedo: *"Le tengo tanto cariño, tanto respeto, que temía que cuando me viesen sobre el escenario pensaran. ¿Esta que se ha creído?"*.

Entre las claves para quien quiera entender esta figura internacional, Eva Manjón destaca: *"España no estaba preparada para Sara. Creo que ha sido incomprendida"*. También recuerda que era una persona que aprendió observando y que se nutrió de las compañías y lugares que poblaron su camino. La actriz considera que la Montiel es un icono superior al de Marilyn Monroe. Para rematar con un diagnóstico que resume el espíritu de la manchega: *"Catorce pares de ovarios"*.

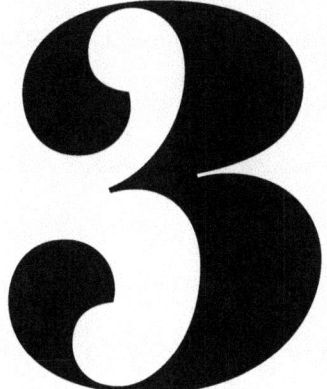

Sara, puro mito.

Admirada por estrellas.

Apabullantemente hermosa. Posee esas pequeñas cosas extraordinarias que no se sabe qué son que no las enseñan en el Actors Studio....Y que tienen algunas, de Marilyn Monroe a Chus Lampreave...Para mí es una obsesión.

Pedro Almodóvar,
director de cine.

Admirada por estrellas.

Sara es la única actriz del mundo que se la puede fotografiar de cualquier lado y siempre queda bien...

J. Peverell Marley,
director de fotografía.

Ella se los metió en el bolsillo porque no trató de interpretar como una americana que trataba de hacer el papel de una india sino que era una de ellas. Se metió totalmente en el papel de una india.

Sam Fuller,
director de cine.

Sara Montiel sabía de luces, de montaje, conocía bien el cine. Decían que era una actriz complicada. No. Era cumplidora, no tenía caprichos. Sabía cómo fotografiarse, cómo se montaban los filmes, dominaba los "playbacks"... Porque, como ella misma decía, lo suyo no era ser actriz o cantante, sino otra cosa. Estrella.

Mario Camus,
director y guionista.

Admirada por estrellas.

Por su vida, porque ha sido valiente y le ha dado igual lo que se considerara políticamente correcto. Por su imagen, tan suya y a la vez tan de todos los que no nos dejamos subyugar por las modas del momento.

Alaska,
artista.

Todas hemos querido ser Sara Montiel. Todas hemos querido ponernos el pico en la frente como ella, raya al medio y moño. La boca de Sara Montiel... ¡que ha hecho que todos los médicos de España pusieran bocas a lo Sara Montiel!

Concha Velasco,
actriz.

Sara, puro mito.

Razones para amarla.

"Me ponía a temblar al acercarme... era una super estrella". Así define Luis Fernando Carrasco la emoción que le suscitaron sus primeros encuentros con Sara. Luis Fernando ha sido el hermano pequeño adoptivo de la artista.

Sus familias eran amigas. Cuando él tenía 13 años, viajó a Madrid y llamó a su puerta. Desde ese momento, se convirtió en un cómplice y persona de confianza de la artista. Para Luis Fernando, el impacto de "El último cuplé" la había convertido en un personaje emblemático de España. Cada reflexión sobre su hermana es un homenaje sentido: *"Era una revolución en el cine como lo fue El Cordobés para el mundo del toro"*, *"Sin ella no se entiende la historia de España"*, *"Nunca se había visto una explosión de belleza y sensualidad de esa magnitud"*.

Sobre la relación de ambos, se han dicho muchas cosas. Cuando la acompañaba a los estudios de grabación, muchos creían que era su hijo. Los rumores se disparaban y a ambos les divertía ese juego de confusión. Cuando Luis Fernando creció, las malas lenguas difundían que era su amante. Zeus y Thais, los hijos de Antonia, lo consideran su tío y el cariño y la confianza que le profesan sigue vigente. Él se considera un privilegiado y analiza la vida de esta artista por etapas muy diferenciadas. Habla de una Sara de *"personalidad poliédrica"*. Y es que la artista se orientaba donde ponía su corazón. Según su mejor amigo, la manchega más internacional era más vulnerable de lo que aparentaba. Siempre dependía de su círculo más cercano. Él resume la vida de este fenómeno sociológico en tres etapas que ayudan a comprender su itinerario y su importancia en la sociedad española de la segunda parte del siglo XX.

Primera etapa:
Consagrada como estrella tras "El último cuplé".

"*Salía a la calle y se la comían*"- recuerda Luis Fernando. Sin embargo, ella prefería la tranquilidad de un chalé en La Florida donde se refugiaba. Las visitas a los modistos, los salones de belleza y los rodajes se combinaban con momento de "*respiro*". Obedecía a su madre que le limitaba todo tipo de excesos. No le dejaba beber ni fumar. La quería centrada.

Antonia tenía pocas amistades en aquel momento y no le gustaba la vida social. Pero en su círculo cercano había un grupo de damas distinguidas, alguna con título nobiliario, de las que quería aprender formas y estilo. Era difícil ser amiga de otras actrices, salvo excepciones, ya que no compartían las vivencias que ella había acumulado ni tenían las mismas inquietudes.

Cuando murió su madre, Sara quiso irse a vivir a Estados Unidos. Se encontraba sin norte y sin ilusión. Luis Fernando cree que la vida de Antonia hubiese tenido una línea argumental muy distinta. "*Se hubiese retirado como Greta Garbo*". Pero esos planes se desbarataron cuando llegó Pepe Tous a su vida, un eje fundamental que hizo girar la trama.

Segunda etapa:
Pepe Tous, "el hombre con el que acertó en su vida".

El hermano pequeño de Sara cree que el mallorquín entendía muy bien cómo era la artista. La clave: se divertía mucho con ella y tenía el mismo sentido teatral de la vida. Con Pepe se abrió al mundo. Fue él quien la hizo coincidir con escritores, personajes de la bohemia y de la intelectualidad. Sus casas se llenaba de gente tanto en Madrid como en Barcelona, Palma o Méjico. También le contagió la pasión por el espectáculo en vivo, como el que estrenó en el Teatro de la Zarzuela: "*Sara Montiel en persona*". Tous sacó al mito a pasear y se la acercó a su público.

Tercera etapa:
Sara sin Pepe

Al perder a su marido, Sara valoró quedarse a vivir en la bahía de Palma, como un homenaje a su vida con aquel hombre que le había dado un nuevo sentido. Pero no quería estar sola. Necesitaba a la gente más que nunca. Así que se instaló en Madrid y creó un nuevo entorno. Salía más de noche y se dejó tentar por el mundo y los personajes de los medios. Intentó disfrutar la vida. Pero estar sin guía le pasó factura. Luis Fernando puntualiza: *"Era vulnerable. Por cariño, se dejaba influenciar muchísimo"*. En opinión de su "hermano menor", no siempre se le acercaron las compañías adecuadas.

Sara siempre:
Personalidad poliédrica

Luis Fernando asegura que Sara ha tenido varias personalidades. Y que presentaba una clara dualidad: pese a que *"podría haber sido la reina del mundo, se sentía insegura"*. Él fue testigo del momento en el que Sara decidió no hacer más cine. Estaban viendo la película "Varietés". En un plano, donde aparecía con su pelo tirante y retirado del rostro (una imagen que se convirtió en icónica), la actriz que era muy exigente cuando se evaluaba, le comentó: *"El cine se ha acabado"*. Le disgustó verse en pantalla. Pese a la belleza de su madurez,
a sus 44 años no estaba contenta. Era extraordinariamente crítica consigo misma. Se analizaba mucho. Pero eso no impedía que fuera un alma generosa: *"No era nada egoísta... lo mismo parecía una emperatriz que luego
se empequeñecía"*.

5

Sara, puro mito.

Sara, libre pero no sola.

Necesitaba la aceptación de sus amigos. Necesitaba la comunicación, el sentirse partícipe de proyectos, formar parte de la vida activa. Especialmente en la última etapa de su vida. Y sufrió la mayor traición que podía esperar: la de su entorno cercano, la de las personas a las que ella había promocionado y apoyado. Gente a la que les abrió las puertas de su casa y del ambiente festivo y cultural de Madrid. Repentinamente hicieron un cordón sanitario contra ella. El motivo: la aparición de Toni Hernández en la vida de Antonia.

    Sara, siempre valiente, tenía clara la apuesta. No imaginó la falta de comprensión de su entorno. Ni la falta de entendimiento. No la conocían. Eran amigos seducidos por el mito. No por la persona.

    Ella amaba la libertad pero no la soledad. Tony no fue un montaje. No fue un delirio. Fue un compañero que entendía sus inquietudes y que amaba a la persona y admiraba a la estrella. Compartían un vasto conocimiento por el mundo del cine. Él era un estudioso de la materia, profesor de la Escuela de Cinematografía de La Habana. Ella una eterna estudiante. Siempre se acercó al séptimo arte con una profunda inquietud hacia todas las técnicas. Él conocía sus inquietudes. Adoraba su personalidad.
La veía en esencia. La diferencia de edad no representaba nada para ellos aunque eran conscientes de que el mundo los iba a juzgar.

Sara quiso sentirse libre y actuar como si eso no importara, como había hecho toda su vida. Pero les traicionó el momento. Un momento de eclosión de programas sensacionalistas del corazón que se divertían con el espectáculo de la humillación. Sin filtros ni consideraciones. Los aquelarres de periodistas de la crónica rosa conspiraban contra todos por igual: contra un montajista advenedizo o contra una estrella consagrada por su trabajo y su pedigrí.

En este punto, Sara recibió una doble puñalada. Algunos periodistas a los que había ayudado en su carrera se burlaban de ella y trataban de ridiculizarla ante el público. Fruto de una moda, de una tendencia o de un momento en el que las figuras de la crónica social se trataban de reducir a personajes cómicos, la artista se convirtió en la parodia de sí misma.

Todo por generar minutos televisivos entre la profusión de montajistas que se divertían y hacían dinero con un incipiente star system mediático.

En mitad de aquel ruido, la boda de Sara se convirtió en un argumento de chanza. Para ella era una apuesta importante. Un compañero que vibraba en su sintonía. Alguien que, como luego se demostró, no venía a hacer negocio ni a darle argumentos para arrastrarla a portadas.

Su última rebeldía: elegir un amor en la tercera edad y no renunciar a ser feliz. Defendió que nadie tenía derecho a interpretar esa historia y que era una cuestión de ellos dos. Su relación había costado las críticas y burlas de los medios y el rechazo social de su círculo de amigos más cercano pero lo terminó procesando y encajó las nuevas bases de su vida . Sara, siempre consecuente, se apartó de tan malas compañías y se refugió en unos pocos hasta el final de sus días.

6

Sara, puro mito.

Sara mágica.

Sara mágica.

Sara parecía tener el destino marcado. Más de una pitonisa le había pronosticado un éxito absoluto en la vida. Ella no era supersticiosa. Cuando un grupo de astrólogos de Los Ángeles le pidió sus datos personales para hacer un estudio, aceptó por no desagradarlos.

En mitad de la madrugada, aporrearon su puerta para contarle una predicción que les había sorprendido. La carta astral de Antonia revelaba un triunfo sin precedentes, una fama mundial. Recordó aquella anécdota años después, aunque no le hubiese obsesionado.

Sara necesitaba aferrarse a unos rituales, a una simbología para lidiar con su vida personal. Conservaba objetos que no tenían valor económico sino sentimental que le daban fuerza. Símbolos que la enlazaban con el mar, siempre presente en los momentos cumbre de su vida. Piedras sugerentes que había sumergido en las aguas de Tabarca y que le unían a amigos y confidentes. Y también con la presencia de la luna.

Al inicio de su estancia en Nueva York, una gitana a las puertas del Four Seasons le pronosticó: "*Serás muy famosa*". A Sara no le impactó gran cosa ya que era una joven que estaba en el disparadero. Sospechó que la vidente era una pícara que quería adularla.

Su propia madre, una mujer extraordinariamente sensitiva, le lanzó una sentencia que iba a recordar : "*Nunca estarás sola. Encontrarás el amor que te traerá el mar*"... Y el amor llegó siempre a través del mar. Pepe Tous, artífice de su estabilidad y de la creación de su familia era de Mallorca, José Antonio Romá de Tabarca y Toni Hernández de Cuba.

La fuerza interior de Antonia le pedía saber más, conocer más. Por eso en los años setenta se acercó a movimientos new age para animarse a viajar y mirar el mundo con otros ojos. Se desplazó a Perú a investigar una zona de avistamientos OVNI. Con la misma naturalidad con la que lo explicaba todo, confesaba después que no había vislumbrado nada inusual en ese destino. Le divertía probar experiencias nuevas, abrir la mente y compartir momentos. Sobre las aguas de la Bahía de Palma tuvo una visión que le acercó a creer que el mundo no terminaba en la Tierra. También en Pollensa, al norte de la isla de Mallorca y en su finca de la sierra de Na Burguesa. Luces sobre el mar. Unas luces que bien pudieran tener un origen extraterrestre. Pero no se obsesionaba. Ella convivía con un espíritu abierto, con la posibilidad de que casi todo puede ocurrir. Estar abierta a todo era el mantra de su vida.

Sentía que podía existir un más alla. Y de este modo se sentía vinculada a su madre, quizá la persona más importante de su vida. Y es que cuando su madre murió, Antonia pasó una crisis personal importante. Durante días, dormía en el cementerio, junto a la tumba de su progenitora. Perdió peso, su brújula se alteró y se sintió más desamparada que nunca. Su madre tenía clarividencia y le había apoyado siempre. Tanto en sus matrimonios fallidos como en sus arriesgadas apuestas profesionales. La guía constante de su vida.

Pero recuperó su humor y las ganas de vivir. Antonia siempre había tenido un gran sentido de la familia. Y creó la suya. Tras perseguir ser madre y haber sufrido varios abortos, optó por la adopción para crear un hogar fuerte junto con Pepe Tous. Con Thais y Zeus cumplen su sueño.

En su filosofía vitalista, procuraba fomentar los buenos recuerdos y arrinconar los malos. Sentía un cariño profundo por las monjitas de Orihuela donde había pasado parte de su infancia. Y las visitaba buscando calidez y consuelo, encontrando una inocencia que le refrescaba en mitad de los mundos hostiles en los que se movía. Pese a estar bautizada, haber confesado admiración por el Papa Pablo VI, que la recibió en audiencia privada, y ser respetuosa con las creencias de los demás, no se consideraba una católica al uso. La auténtica religión de Sara era disfrutar la vida.

7

Sara, puro mito.

Sara, la artista plástica.

Sara, la artista plástica.

Ha sido la actriz que más primerísimos primeros planos tiene en la historia del cine: encuadres muy cerrados sobre su rostro, desde las cejas hasta la barbilla. Un plano que ella aguantaba extraordinariamente bien (en lenguaje de los profesionales) por sus rasgos y ángulos, casi perfectos pero también por su actitud. Ella intervenía en todo el proceso técnico creativo porque lo conocía. Además de ser la actriz/cantante más importante de Europa. Una de sus obsesiones fue comprender la técnica del cine: la luz, el sentido de cada encuadre, el contexto de una escena. En definitiva, la narrativa que le daba la pista para interpretar, para saber qué expresión elegir y así transmitir algo inmaterial.

George Cucor y Billy Wilder coincidían en que Sara tenía uno de los rostros más perfectos del celuloide junto con Ava Gardner y Liz Taylor.

Pero detrás de esa mirada felina y de poderosa seducción, en muchos argumentos de sus películas subyace un impulso, un mensaje de fondo que emite su áura: la maternidad. Una asignatura pendiente durante muchos años que se traducía en escenas poderosas con los niños, donde desplegaba su instinto de protección. Un fondo de ternura que cortocircuitaba su erotismo implícito.

Sara, la artista plástica.

Era una bomba sexual que se dejaba querer. Con una actitud liberal y adelantada a su tiempo. Pese a eso, no dejó que la convirtieran en un objeto. Compartió con Marilyn Monroe amistad y admiración. Las miradas masculinas se obsesionaban con las dos. Pero la manchega tenía los objetivos más firmes. Su espíritu no era tan frágil ni sus incursiones sentimentales tan complicadas. Llevaba por bandera la sinceridad y eso la convertía en poderosa.

Era artista plástica. Dominaba la técnica del maquillaje, la iluminación, los encuadres, como Marlene Dietrich. Sabía qué tipo de plano tenía en todo momento para darle la intensidad requerida. Era capaz de visualizarse desde fuera, como en un viaje astral que le permitía tener una concepción global de su trabajo.

El exotismo se convirtió en su enseña durante la etapa americana. Su aspecto parecía un experimento genético. Un cruce perfecto que le otorgaba la sensualidad caribeña, la fuerza amazónica y la serenidad mediterránea. Era dueña de un porte natural que luego sería analizado para transmitir esa presencia que pesaba en cada escena.

Le fascinaba el exotismo: el poder de una amuleto, un pañuelo, un collar llamativo. Y estaba abierta a las sugerencias cuando encontraba un alma creativa. Aunque la mayoría asocie a Sara con la imagen del exceso, tan solo era una máscara para sus espectáculos teatrales. Mucho se ha hablado de sus joyas. Para ella eran "su álbum de fotos". Regalos que le vinculaban a una persona o una etapa de su vida. Amaba ir descalza y vestirse con una sencilla túnica blanca.

Sara, la artista plástica.

      Se ponía al servicio de las ideas que le proponían diferentes creativos. Apostar por nuevos proyectos le estimulaba. Como su colaboración con Javier Gurruchaga con el tema "Fúmame".
      Aunque en los últimos tiempos, algunos profesiones le decepcionaron. En la sesión en la que posó con Boris Yzaguirre para una publicación española se sintió cohibida. Fue la última sesión de fotografía que se publicó en una revista, bajo el objetivo del artista Alberto Rivas. Le abrumaban los equipos grandes de trabajo y ya no se sentía tan fuerte. Siempre quiso dominar todo el proceso. Y ahora tenía que delegar. La melancolía se adueñó de ella. Buscaban el icono, el personaje y ella añoraba enseñar quién era en realidad, como una despedida y no recrear quien fue.
      Nuestra sociedad concibe la vejez como una etapa de decadencia en lugar de la culminación de una trayectoria, la victoria de la superación de unos retos, el poso de lo vivido y aprendido. Y la Sara veterana era todo lo que podía ser, la suma de todas las Saras, el resultado de la supervivencia de un proyecto vital. No solo belleza sino también carácter. Sus problemas de visión, en los últimos tiempos, hicieron que la artista sintiera cierta inseguridad y no le gustaba, la gente le rondaba, buscando *"siempre lo mismo"* de ella. Sara era capaz de reinventarse bajo la misma esencia una y otra vez. Sus múltiples trabajos y su capacidad adaptativa conseguían que cada día, fuese capaz de empezar una función distinta. No quería los mismos discos rayados sino cantar una canción diferente para quien la supiese escuchar.

Sara, puro mito.

Sara, inspiración de artistas.

Sara, inspiración de artistas.

Sara vestía con pieles y joyas. Antonia adoraba andar descalza. De esta manera distinguimos al personaje público de la mujer pragmática y fuerte que buscaba la simplicidad y adoptó el blanco como color fetiche. Le gustaba llevar prendas ad-lib, la moda ibicenca nacida en los setenta, que expresaban la libertad que sentía junto al mar.

"*Gran espíritu*" y "*extraordinaria naturaleza*" de esta manera catalogaba el escritor **Terenci Moix** a la artista y también distinguía entre la Sara, personaje público, entre lentejuelas y brillos y Antonia, la de las alpargatas ibicencas.

Paco Umbral ensalzó su "*voz profunda*" y defendió que Sara reinventó la historia del cuplé como Picasso reinventó la historia del arte. También habló de una inteligencia innata, "*la mujer que sencillamente sabe*".

"*El mito viviente*", la "*lozana divina*". **Camilo José Cela** no podía disimular en sus artículos una fascinación estremecedora. "*Estrella por antonomasia*" y un "*prototipo universal*".

Emilio Romero destacó que la actriz era un fenómeno de masas y defendía que su público quería verla en persona para ver si su belleza era real. La "*Sofía Loren de España*" o la esencia de la tierra del Quijote. Se refería a Sara como "*un personaje que pasaría a la historia entre los grandes, como los astronautas que pisaron la luna por primera vez o el Dr.Barnard, el genio que operó un corazón*". "*Donde acaba la leyenda y donde comienza la verdad*".

Para **Antonio Gala,** sus canciones eran *"la memoria de nuestras vidas"*. Y había conseguido formar parte de la banda sonora de nuestros recuerdos particulares pero también identitarios.

Todos han hablado de su faceta humana, diferenciando su proyección pública del impacto que provocaba en las distancias cortas. Una *"self made woman"* que prefería la compañía de otros intelectuales a la de los faranduleros o famosos. Y que amaba el arte de la conversación. Como estrella, además de su capacidad de adaptación, todos reconocían una belleza perforadora y turbadora que trascendía la perfección de sus rasgos y que bebía de la fuente de la inquietud, la búsqueda y la fortaleza.

Pero la Sara de los escenarios era puro exceso. Un disfraz fortuito y divertido con el que se transmutaba en diva para deleite de su público. La estética que llevaba en sus giras era accidental aunque analizándola parezca una imagen coherente y bien construida. En vida de Pepe Tous, todo estaba calculado y diseñado por un marido confidente que ayudaba día a día a construir la imagen de un mito. Pero después, no tenía un patrón a seguir salvo el asesoramiento puntual para algunos trabajos.

A ella le aburría la ropa. Pero accedía al disfraz, a la herramienta que le ayudaba a su transformación en el escenario. Sin Pepe, era complicado decidir de qué manera se representaba a sí misma. Sabía que los brillos y elementos que prolongaran su presencia eran parte de su identidad. Pero no imaginemos sofisticados diseñadores tras la imagen de la artista. Había llegado a actuar con boas de plumas compradas en un bazar chino.

No solo era la estética lo que convertía a Sara en una obsesión por parte de muchos imitadores. Era también su substrato salvaje, su fuerza interna, su sexualidad inherente, la eterna provocación elegantemente velada. Y su voz. Nadie confió en esa voz en los inicios. Pese a su amplia tesitura según los expertos. Sin embargo, ella asimiló que cantar de un modo característico le traería más beneficios que intentar hacer alarde de cuerdas vocales. Y apostó por sí misma negociando con las discográficas márgenes de beneficio impensables para la época. Tan solo Frank Sinatra tenía un contrato igual.

Hipnótica. Ese era el efecto de Sara en la pantalla. Y muchos fueron los hipnotizados. Muchos artistas del travestismo tenían y tienen en ella un personaje obligado para sus shows. Ella era consciente y no dudaba en acudir a todo tipo de garitos a ver las imitaciones con las que le homenajeaban. Y en esas imitaciones se reconocía y valoraba las parodias de unos admiradores que la veían como una fuente inagotable de inspiración. Muchos son los que le pidieron consejo y a los que ella asesoró con gran generosidad. Como el caso de Manuel Arte.

El sentido del humor de la artista le hizo colaborar sin complejos para apoyar a otros en los últimos años de su vida. Parodiándose a sí misma. Siendo consciente de que cedía la imagen de su personaje a una creación que no le iba a proporcionar ni una solución económica ni una extensión de su carrera. Tan solo su apuesta por otros. Igual que sus conciertos en directo, hábilmente dosificados en los últimos años para no dejar de pertenecer al mundo del espectáculo.

Artistas como **Madonna** jugaron también con la poderosa imagen de Sara como referente. Durante una etapa, la cantante llevó el pelo oscuro, engominado, jugaba con un puro en las entrevistas para televisión y se acercó al mundo latino en Miami, donde pudo tener un testimonio más cercano sobre la figura de la estrella internacional. En su etapa de guiño al público hispano asumió la sensualidad de la Montiel y también su maquillaje como un referente cultural.

Bárbara Streisand ha querido siempre llevar al cine americano los musicales de Sara Montiel. Le interesaba la vida de esa mujer polifacética, una artista completa en el mundo de la canción, la interpretación y un temperamento adelantado a su tiempo.

Jennifer López se ha postulado durante años en la candidata a ser la Montiel cuando se realice un biopic, la biografía de la artista llevada al cine. Y sigue en el empeño.

Es un símbolo en todo el mundo hispano donde se sigue imitando a un personaje sobre el que aún se discute cúal es el fotograma que la convirtió en inmortal.

Antonia siempre agradeció las imitaciones como reflejo de la admiración que le profesaban. Alentó a muchos artistas que quisieron llegar a ella y llegó a sorprender a más de uno acudiendo a sus espectáculos. Reconocía el talento en los demás y mientras era tremendamente exigente con el suyo.

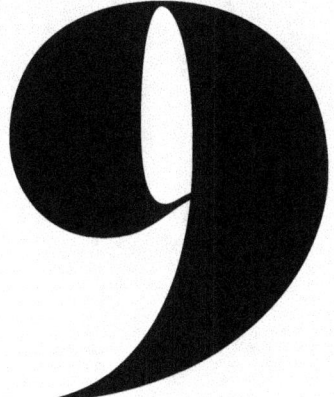

Sara, puro mito.

Sara, intimidad sin secretos.

Sara no tenía nada que esconder, ni lo pretendía. Era siempre un espectáculo en acción. Era hija del agua. En Orihuela iba con los marineros de madrugada a pescar. Disfrutaba de la familia y de la gente sencilla. Contemporizaba y colgaba en el perchero la etiqueta de estrella para unirse a disfrutar con momentos de la vida cotidiana.

Disfrutaba de reuniones sencillas y no se peleaba por asistir a los grandes eventos. Nunca confió demasiado en el ambiente de otros actores en España. Le parecía que vivían demasiado pendientes del figureo. Su mentalidad se había ido forjando con una nutrida representación de estrellas de Méjico y Estados Unidos. Nunca se avino a la moral social española de los años 40 y 50. Y se atrevió a confesar aventuras extraconyugales en "Sara Montiel. Memorias. Vivir es un placer". Estas revelaciones la convirtieron en una persona criticada. Pero nunca le asustó la sinceridad.

Sus romances nunca fueron por interés. En la memoria colectiva existe la creencia de que su matrimonio con el director Anthony Mann benefició su carrera. Sin embargo, esa unión no contribuyó a su currículum cinematográfico. Él no era un director de mujeres y entre sus proyectos no figuraba ninguna creación que le sirviera a Sara para forjar su leyenda. Nunca sacó provecho, y algunas uniones como la de Chente Ramírez le costaron disgustos, dinero y que se cerraran algunas puertas.

Supo mirar al dolor de frente y exponerlo, en una suerte de exorcismo. Porque paralelamente a su carrera fulgurante, a su reinado indiscutible, vivió tragedias personales de difícil gestión.

Era un ser que defendía básicamente su libertad. Incomprendida por muchos, se marchó anhelando un Goya honorífico. Le dolía que en su tierra no le hubieran dado una distinción así. En Estados Unidos, en una ceremonia estelar, recibió de manos de Burt Lancaster el Golden Eagle. En el Festival de Otoño de París de 1982, se proyectó un ciclo de ocho películas de la artista y Francia se rindió ante ella. Recibió la medalla de "La legión de Honor" incluso antes de que el gobierno español decidiera otorgarle la Medalla del Mérito al Trabajo.

La ciudad de Miami también le rindió tributo en los 50 años del estreno de "El último cuplé". Y el Instituto Cervantes de Nueva York en 2012.

Aunque era consciente de que formaba parte de las estrellas internacionales, guardó en su interior un resentimiento que le sirvió de motor. En su tierra no había conseguido cuajar. Eso le motivó a pelear en "La violetera" su lugar en el estrellato. Resarcirse.

Dejó el sueño americano, harta de que se le asignara siempre un papel racial, pero sin olvidar que la devoción por algunas figuras le había servido de brújula en su carrera. El primer impacto que sufrió en una sala de cine: cuando vio a Rita Hayworth en "Gilda". Y después profesó una admiración llena de respeto hacia Ingrid Bergman.

La melancolía se adueñó de ella en la última etapa de su existencia aunque siempre revivía al recordar grandes momentos y al planificar nuevos retos. Muchos quedaron por cumplir. Le quedaron algunas dudas pendientes... como cuando despreció rodar una película en la madurez junto a Marlon Brando, la última de él. Si no sentía una química especial con el profesional que le hiciese la propuesta, prefería descartarla. Tuvo encuentros y desencuentros con directores y artistas que quisieron implicarla en proyectos para dar su visión de ella. Pero Sara ya no quería autoparodiarse. Quiso defender esa libertad, que le hacía ser honesta consigo misma. Y compartir los pocos secretos que aún le quedaban, tan solo a los más allegados.

10

Sara, puro mito.

Sara, un espíritu siempre joven.

Sara, un espíritu siempre joven.

Innovar. Arriesgar. Sentir. Transgredir. Un espíritu eternamente joven aunque lo albergara el cuerpo de una octogenaria.

Sara tenía planes. Y seguía apostando por sorprender, por no conformarse con que el público guardase una imagen del pasado bella y perfecta. En sus últimas sesiones de fotografía, se implicaba a la hora de decidir la estética y la historia que quería contar en cada una. Le divertía la puesta en escena de Lady Ga Ga en la que de inmediato adivinó talento. En la última etapa de su vida, participó en algunos proyectos donde se parodiaba a sí misma. Se tomaba con humor su propia caricatura.

Había burlado a la muerte en demasiadas ocasiones. Y es que era una superviviente nata. Una especie de elegida que había superado situaciones límite a lo largo de su vida: un secuestro, varios accidentes de avión, el ataque de un cocodrilo y el incendio del Gran Hotel Sarriá en Barcelona. Esa baraka residía en una extraordinaria capacidad para reaccionar con frialdad y pragmatismo. Su lucha empezó en el vientre de su madre. Sobrevivió a un aborto en el que murió su hermano gemelo. A partir de ahí, sus allegados siempre supieron que era una fuerza de la naturaleza.

Descarada y provocadora, retó a más de un periodista a contemplar su cuerpo desnudo para callar las habladurías sobre sus supuestas orperaciones estéticas. *"¿Dónde están las cicatrices?"* – argumentaba. Ella rediseñaba su rostro con maestría mediante el maquillaje y los profesionales del sector se sorprendían del resultado. Grabar con la manchega era una lección inolvidable. Todo el que ha estado en contacto con Sara guarda muchas anécdotas y al nombrarla, un sinfín de recuerdos se desatan. Muchos amigos hablan de una mujer hospitalaria, que les ayudó en sus primeros pasos en el mundo del espectáculo. Muchos conocidos especulan con las verdaderas intenciones de la actriz porque si algo despierta, años después de su desaparición, es la polémica permanente. Es una pasión con plena vigencia. Miles of blogs, portales en internet y comentarios reviven a la diva casi a diario en la red.

Todos creen saber algún secreto especial y casi todos presumen de haber compartido momentos exclusivos. Algunos se esfuerzan en desmentir los mitos que circulaban sobre ella (por ejemplo, que la cámara que la enfocaba llevaba una media en el objetivo para difuminar su rostro), otros sin embargo, prefieren alimentar las incógnitas
(como la fama de fantasiosa que algunos le atribuían). La vida de Sara ha cundido mucho. No solo por sus películas y discos (que se subastan en muchas páginas de internet), ni por su legión de imitadores. En algún punto de su triángulo mágico compuesto por las ciudades de Madrid, Barcelona y Palma le permitió coincidir con casi media España. Y todos recuerdan el día que se cruzaron con ella. Cómo vestía, con quién estaba y las palabras que intercambiaron. En la elaboración de este libro, hemos conocido personas afectadas por el "síndrome Sara". Una necesidad imperiosa de haber sido importante en la vida de la artista, unas ganas tremendas de vincularse a una mujer que ejercía una impresionante fuerza de atracción y que vivía rodeada de muchos satélites. Unos resultaron altamente tóxicos, otros positivos, se convirtieron en guías de su evolución. Porque anhelaba aprender constantemente. Y repartía su tiempo con generosidad. Esta existencia tan intensa es la causa de que, para la mayoría, la figura de Sara sea inmortal.

www.ingramcontent.com/pod-product-compliance
Lightning Source LLC
Chambersburg PA
CBHW080856230426
43662CB00014B/2122